BEI GRIN MACHT SICH IHR WISSEN BEZAHLT

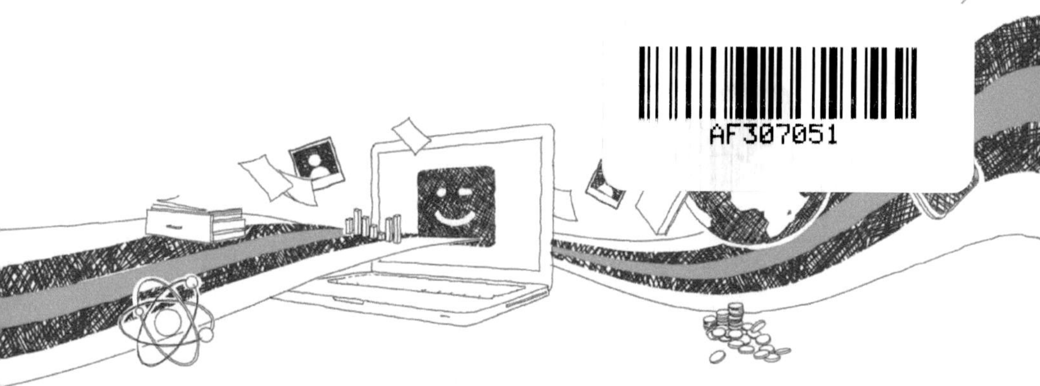

- Wir veröffentlichen Ihre Hausarbeit,
  Bachelor- und Masterarbeit

- Ihr eigenes eBook und Buch -
  weltweit in allen wichtigen Shops

- Verdienen Sie an jedem Verkauf

Jetzt bei www.GRIN.com hochladen
und kostenlos publizieren

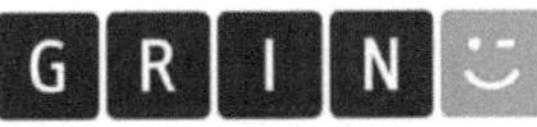

Ernst Probst

Grace Kelly - Der Star, der den Traumprinzen heiratete

GRIN Verlag

Bibliografische Information der Deutschen Nationalbibliothek:

Die Deutsche Bibliothek verzeichnet diese Publikation in der Deutschen National-
bibliografie; detaillierte bibliografische Daten sind im Internet über http://dnb.d-
nb.de/ abrufbar.

Impressum:

Copyright © 2012 GRIN Verlag, Open Publishing GmbH
Druck und Bindung: Books on Demand GmbH, Norderstedt Germany
ISBN: 978-3-656-15937-7

Dieses Buch bei GRIN:

http://www.grin.com/de/e-book/190786/grace-kelly-der-star-der-den-traumprinzen-
heiratete

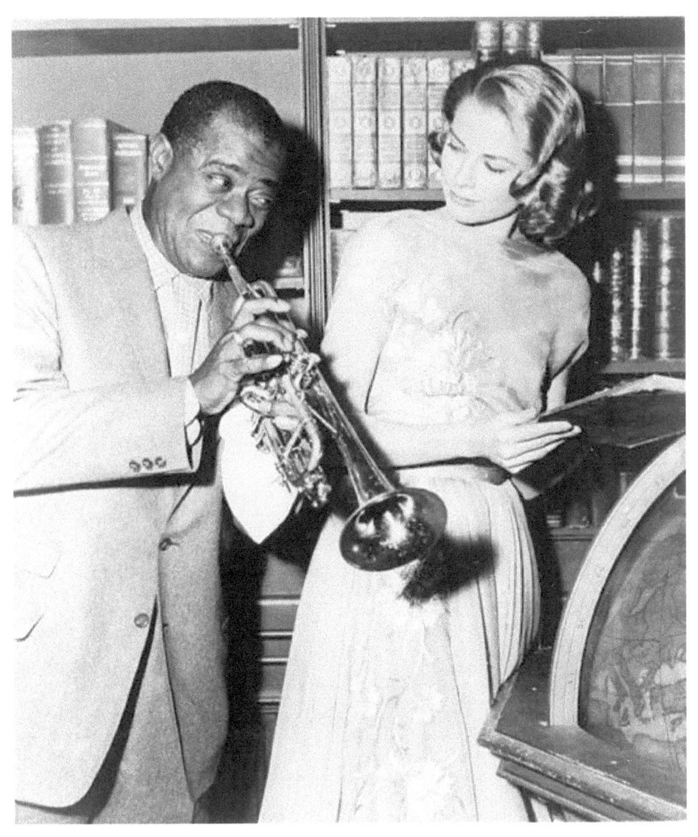

Grace Kelly (1929–1982)
und Louis Armstrong (1901–1971)
in „High Society" (1956)

Ernst Probst

Grace Kelly

Der Star,
der den Traumprinzen heiratete

Beate Werner,
Bernd Werner,
Marianne Werner,
Otto Werner,
Sonja Werner,
Dr. Jochen Werner,
Christine Werner und
Steffen Werner
gewidmet

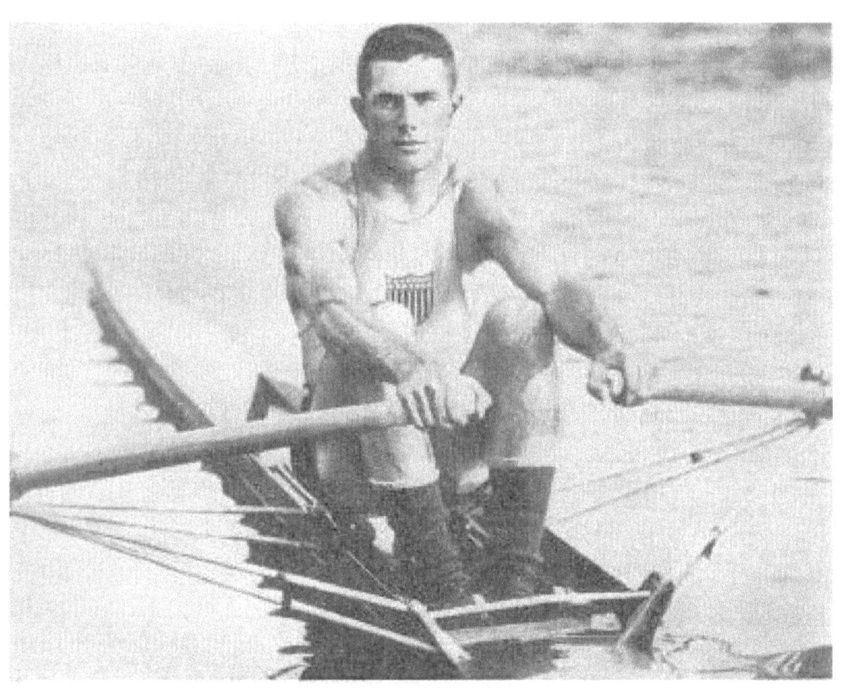

John Brendan Kelly senior (1889–1960),
der Vater von Grace Kelly,
auf einem Foto von 1920

Grace Kelly

Der Star, der den Traumprinzen heiratete

Ein Star des Kinos der 1950-er Jahre war die amerikanische Filmschauspielerin Grace Kelly (1929– 1982). Von August 1950 bis März 1956 wirkte sie in elf Filmen mit. Die Traumhochzeit der stillen Schönheit mit Fürst Rainier III. (1923–2005) von Monaco bildete 1956 den Höhepunkt einer märchenhaften Karriere. Danach führte sie 26 Jahre lang als Prinzessin Gracia Patricia ein untadeliges Dasein als Fürstin, ehe sie bei einem tragischen Verkehrsunfall in Monaco ihr Leben verlor.

Grace Patricia Kelly erblickte am 12. November 1929 im „Hahnemann Medical College" in Philadelphia (Pennsylvania) das Licht der Welt. Sie war das dritte von vier Kindern des amerikanischen Bauunternehmers und Millionärs John Brendan Kelly senior (1889– 1960), genannt Jack, und dessen Ehefrau Margaret Katherine (1899–1990), geborene Majer. Am 1. Dezember 1929 erfolgte ihre Taufe in der „St. Bridget's Roman Catholic Church".

Jack Kelly, der Vater von Grace, hatte irische Vorfahren. Sein Vater John Henry Kelly war Mitte des 19. Jahrhunderts aus der Grafschaft Mayo in Irland nach

Rutland im US-Bundesstaat Vermont ausgewandert und hatte zehn Kinder, unter denen Jack das zweitjüngste war. Jack fing sein Berufsleben als Maurer an und machte mit geliehenem Geld einen kleinen Betrieb zum großen Baukonzern. Mit seiner Firma „Kelly for Brockwork" machte er in den 1920-er Jahren einen Millionenumsatz. Als junger Mann war er Ruderer, gewann nationale Titel und bei den „Olympischen Sommerspielen" von 1920 und 1924 insgesamt drei Goldmedaillen.

Die Großmutter mütterlicherseits von Grace hieß Margaretha Berg und wurde als Tochter eines Sattlermeisters in Heppenheim an der Bergstraße (Hessen) geboren. Im Alter von 20 Jahren wanderte sie in die USA aus. Dort heiratete sie 1886 den aus Immenstaad am Bodensee stammenden Gutsbesitzersohn Carl Majer. Die Tochter des Paares namens Margaret brachte Grace zur Welt.

Jack Kelly und Margaret Majer haben sich 1914 in einem Schwimmverein kennengelernt, für den letztere damals erfolgreich startete. Anfang der 1920-er Jahre erwarb sie ein Diplom als Sportlehrerin und unterrichtete als erste weibliche Dozentin für Leibesübungen an der „University of Pennsylvania". Zeitweise arbeitete sie als Fotomodell. Nach dem Übertritt zum katholischen Glauben heiratete sie Jack Kelly am 30. Januar 1924.

Die drei Geschwister von Grace hießen Margaret Katherine (1925–1991), genannt Peggy, John Brendan junior (1927–1985), genannt Kell, und Elizabeth Anne

(1933–2009), genannt Lizanne. Alle drei gehörten während ihrer Schulzeit zu den besten Sportlern/innen. Ab 1927 wohnte die Familie Kelly in einer von ihrem Bauunternehmen errichteten Villa mit 17 Zimmern im Stadtteil East Falls von Philadelphia. Grace kam kurze Zeit nach dem „Schwarzen Donnerstag" (24. Oktober 1929) zur Welt, der die als „Great Depression" bezeichnete schwere Wirtschaftskrise in den USA auslöste. Von dieser Krise waren die Kellys kaum betroffen. Jack hatte sein Vermögen konservativ angelegt. Seine Villa in East Falls und das Urlaubsdomizil in Ocean City waren nicht von Hypotheken belastet. Die Familie Kelly konnte sich Bedienstete leisten, die sich um Haushalt und Garten kümmerten.

Über ihren Vater erzählte Grace später, dieser sei sehr sanft gewesen und habe im Gegensatz zu ihrer Mutter die Kinder nie geschlagen oder ausgeschimpft. Doch wenn der Autorität verkörpernde Vater etwas gesagt habe, hätten ihm die Kinder sofort gefolgt. Ihre Mutter soll sich sehr prinzipentreu, distanziert und zuweilen gefühlskalt verhalten haben. In ihrer frühen Kindheit war die sensible und introvertierte Grace anfällig für Krankheiten und wenig an den sportlichen Ambitionen ihres Vaters interessiert. Erst mit zunehmendem Alter erzielte sie in Sportarten wie Tennis, Schwimmen und Hockey gute Leistungen und nahm Ballettunterricht. Auch ihr Ehrgeiz in privater und beruflicher Hinsicht wuchs später.

Kurzsichtigkeit zwang Grace dazu, ab etwa dem zwölften Lebensjahr eine Brille zu tragen. Ihre Schüchternheit hielt man in ihrem Umfeld anfangs irrtümlich für Arroganz. Tatsächlich gehörten Willensstärke und diplomatisches Geschick zu ihrem Charakter. Zeitweise zog sie sich in eine Fantasiewelt zurück und lebte ihre künstlerischen Neigungen mit heimischem Puppenspiel und Dichten poetischer Verse aus.

Bereits in der Kindheit von Grace wurde ihre Vorliebe für die Schauspielerei offenkundig. Zusammen mit ihrer äteren Schwester „Peggy" spielte sie im Alter von zwölf Jahren am Theater der „Old Academy Players" unweit von East Falls.

Von 1934 bis 1943 besuchte Grace die von katholischen Ordensschwestern geführte „Ravenhill Academy of the Assumption" in Philadelphia. Dort wirkte sie beim alljährlichen Krippenspiel mit. Danach wechselte sie an die staatliche „Stevens High School" im Stadtteil Germantown. Als Teenager war der zwei Jahre ältere Harper Davis, der mit ihrem Bruder auf eine benachbarte Schule ging und 1946 schwer erkrankte, ihr Freund. Im Mai 1946 verließ Grace die „Stevens High School". Unter ihrem Foto im Jahrbuch war prophetisch zu lesen, sie würde höchstwahrscheinlich Bühnen- oder Filmstar.

Anschließend bemühte sich Grace Kelly um eine Aufnahme an der renommierten dramatischen Fakultät des „Bennington College" in Vermont. Doch sie genügte den hohen Anforderungen nicht und wurde nicht zugelassen. Danach bewarb sie sich gegen den Willen ihrer Eltern um eine Aufnahme an der namhaften Schauspielschule „American Academy of Dramatic Arts" in New York City. Beim Vorsprechen überzeugte sie mit einem Auszug aus dem von ihrem berühmten Onkel George Kelly (1887–1974) geschriebenen Bühnenstück „The Torch-Bearers" den Sekretär des Verwaltungsrates, Emile Diestel. Im gefiehl ihre Bühnenpräsenz und ihr Gespür für Dramatik.

Grace Kelly studierte von 1947 bis 1949 an der „American Academy of Dramatic Arts". Dort verbesserte sie mit intensiven Stimmübungen ihre Aussprache. Wegen einer seit Kindertagen chronischen Nasennebenhöhlenentzündung (Sinusitis) hatte sie eine nasale Sprechweise. Damals wohnte sie im ausschließlich für Frauen zugelassenen und von konservativen Verhaltensregeln geprägten „Barbizon Hotel for Women".

Dank der Vermittlung durch einen Studienkollegen bekam Grace Kelly 1948 einen Termin bei einem Fotografen, der Titelbilder für das Magazin „Redbook" machte. Für ihre ersten Bemühungen als Fotomodell erhielt sie einen Stundenlohn von 7,50 US-Dollar. Bald steigerte sich ihre Gage auf 25 US-Dollar pro Stunde. Später eroberte sie auch die Titelseiten weiterer Illustrierten wie „Cosmopolitan" und „Ladie's Home Journal". Außerdem hatte sie Werbeauftritte für

Schreibmaschinen, Waschmittel, Zigaretten und Bier. Schon nach einem Jahr galt sie mit wöchentlichen Einnahmen von rund 400 US-Dollar als eines der am besten bezahlten Models in New York City.

Im zweiten Semester an der „American Academy of Dramatic Arts" hatte Grace Kelly eine Affäre mit dem elf Jahre älteren Schauspiellehrer und Theaterregisseur Don Richardson (1918–1996), der damals kurz vor der Scheidung stand. Er inszenierte die Komödie „The Philadelphia Story", mit der Grace 1949 ihre Abschlussprüfung absolvierte. Auf Druck ihrer Eltern musste Grace die Beziehung mit Richardson beenden, blieb aber mit ihm befreundet.

Zu Beginn ihrer künstlerischen Karriere spielte Grace Kelly mittlere Rollen an Sommertheatern, unter anderem im „Bucks County Playhouse" in New Hope. 1949 schaffte sie den Sprung an den New Yorker Broadway. Dort trat sie in dem Theaterstück „Fadren" („Vater") des schwedischen Dichters August Strindberg (1849–1912) auf. Nach 69 Vorstellungen und mäßigem Erfolg beim Publikum wurde dieses Stück abgesetzt. Damals hatte Grace mehrere Affären. Einer ihrer Verehrer war der pakistanische Prinz Aly Khan.

Zu Beginn der 1950-er Jahre wurde die Filmindustrie in Hollywood dank der Bemühungen der Theateragentin Edith Van Cleve (1894–1985) auf die Theaterschauspielerin Grace Kelly aufmerksam. Es kam zu Probeaufnahmen beim Regisseur Gregory Ratoff (1897–

1960), die aber zunächst noch keine Rolle im späteren Film „Taxi" nach sich zogen.

Zu ihrem Glück war Grace Kelly aber dem Produzenten Sol C. Siegel (1903–1991) durch ihre schauspielerische Leistung in dem am Broadway aufgeführten Theaterstück „Der Vater" wohltuend aufgefallen. Dies verhalf ihr im August 1950 zu einer kleinen Rolle in dem Filmdrama „Fourteen Hours" („14 Stunden", 1951). Darin spielte Grace eine junge Frau namens Louise Ann Fuller, sich sich in einem Anwaltsbüro aufhält und angesichts nervenaufregender Ereignisse im gegenüberliegenden Hochhaus die Scheidung von ihrem Ehemann überdenkt. Dieser Kurzauftritt von wenig mehr als zwei Minuten Dauer, der innerhalb von zwei Tagen gedreht worden war, brachte Grace 500 US-Dollar ein.

Im Sommer 1951 trat Grace Kelly unter anderem am Theater „Elitch Gardens" in Denver (Colorado) auf. Zum dortigen Ensemble gehörte der irischstämmige Schauspieler Gene Lyons (1921–1974, mit dem Grace eine etwa anderthalb Jahre dauernde Affäre hatte, die wegen dessen Alkoholproblem endete.

Ab Juni 1951 wurde Grace Kelly von der Schauspielagentur „MCA" betreut. „MCA"-Agent Jay Kanter fragte wegen ihr beim Produzenten Stanley Kramer (1913–2001) an, der wegen vieler laufender Filmprojekte ständig junge Schauspieler suchte. Kramer und der Drehbuchautor Carl Foreman (1914–1984) arbeiteten damals an den Vorbereitungen für den Western „High

Noon" („Zwölf Uhr mittags", 1952) und mussten die zweite weibliche Hauptrolle neben Katy Jurado (1924–2002) besetzen. Beim Vorstellungsgespräch mit dem Regisseur Fred Zinnemann (1907–1997) trat Grace so überzeugend auf, dass man sie trotz ihrer Unerfahrenheit und anfänglicher Bedenken wegen des großen Altersunterschiedes zum männlichen Hauptdarsteller Gary Cooper (1901–1961) engagierte.

In „High Noon" mimte Grace Kelly die frisch vermählte friedliebende Ehefrau Amy Fowler Kane des Marshals Will Kane. Letzterer hatte vor Jahren einen Mann namens Frank Miller wegen Mordes verurteilt. Nach seiner Begnadigung kehrte Miller mit drei Begleitern in die Kleinstadt Hadleyville zurück. Weil ihn die Einwohner im Stich ließen, stand Will Kane allein Miller und seinen Kumpanen gegenüber. Als Quäkerin lehnte seine Frau jegliche Gewalt aus religiöser Überzeugung ab und verließ ihn nach einem Streit. Doch als der erste Schuss fiel, sprang die Gattin besorgt aus dem abfahrenden Zug. Zum Schluss erschoss sie einen der Banditen und rettete damit ihrem Mann das Leben.

Für den Western „High Noon" hatte Grace Kelly im Herbst 1951 insgesamt 22 Tage am Set verbracht. Pro Woche Dreharbeit erhielt sie eine Gage von 750 US-Dollar. Bei der Probevorführung äußerte sich Grace selbstkritisch über ihre Arbeit vor der Filmkamera. Ungeachtet ihrer zurückhaltenden Spielweise, die aber recht gut zu ihrer Rolle als Quäker-Braut passte, brachte

„High Noon" ihr den Durchbruch als Filmschauspielerin.

Im Herbst 1952 unterschrieb Grace Kelly einen Siebenjahresvertrag mit „Metro-Goldwyn-Mayer" („MGM"),
der sie zur Mitwirkung in drei Filmen pro Jahr
verpflichtete und die Möglichkeit eines Verleihs an
andere Studios vorsah. Im Vergleich mit ihren Einnahmen durch den Ganztagsjob als Mannequin erschien
ihre anfängliche wöchentliche Filmgage von 750 US-
Dollar bescheiden. Doch sie nahm dies wegen der
Aussicht auf eine Zusammenarbeit in dem Film Mogambo" („1953) mit dem Schauspieler Clark Gable
(1901–1960) und dem Regisseur John Ford (1894–1973)
sowie wegen der exotischen afrikanischen Drehorte in
Uganda, Tanganjika und Kenia in Kauf.

In „Mogambo" verkörperte Grace Kelly die spröde
Ehefrau eines Anthropologen, der die Dienste eines
Großwildjägers für seine Studien in Anspruch nahm.
Während der Reise in das Gebiet von Berggorillas
wurden sie von einer temperamentvollen Frau begleitet,
die in der Tierfängerstation des Großwildjägers gelandet
war. Zwischen dem von Clark Gable gespielten Großwildjäger sowie zwei von Ava Gardner (1922–1990) und
Grace Kelly dargestellten Frauen entwickelte sich eine
von Verheimlichung und Eifersucht geprägte Dreiecksbeziehung. Doch am Ende blieb die Gattin des Anthropologen bei ihrem Mann, während der Großwildjäger
und die andere Frau zusammenfanden.

Bei dem Aufenthalt in Afrika gingen Grace Kelly und Clark Gable, der am 21. April 1952 von seiner vierten Ehefrau Sylvia Ashley geschieden wurde, oft gemeinsame Wege. Ob der Flirt von Grace mit dem 1,85 Meter großen „König von Hollwood" zu einer Affäre führte, ist nicht bekannt. Grace erhielt für ihre Rollle in „Mogambo" den „Golden Globe" und eine Nominierung für den „Oscar" als beste Nebendarstellerin. In der Folgezeit wurde Grace Kelly von „Metro-Goldwyn-Mayer" oft an andere Filmstudios wie „Warner Brothers" und „Paramount Pictures" für bis zu 50.000 US-Dollar pro Film ausgeliehen. Ihren größten Erfolg feierte sie als verlotterte Frau eines Alkoholikers in „The Country Girl" („Ein Mädchen vom Lande", 1954). Dafür erhielt sie am 30. März 1955 den „Oscar" als beste Schauspielerin. In ihrer Dankesrede erklärte sie: „Die momentane Aufregung hält mich davon ab, meine wirklichen Gefühle zu äußern. Ich danke allen von Herzen, die mir dies ermöglicht haben. Danke!" Die kühle, schöne, blonde und blauäugige Grace Kelly entsprach genau dem Typ, den der britische Regisseur Alfred Hitchcock (1899–1980) immer suchte. Sie wirkte in drei seiner Krimis mit: „Dial M for Murder" („Bei Anruf Mord", 1954), „Rear Window" („Das Fenster zum Hof", 1954) und „To Catch a Thief" („Über den Dächern von Nizza", 1955). In „Das Fenster zum Hof" spielte Grace die elegante Geliebte eines wegen seines Gipsbeins an den Rollstuhl gefesselten Fotoreporters, den James Stuart (1908–1997) mimte. In „Über den Dächern von Nizza" mimte sie eine Millionärin, die sich den Avancen des von Cary Grant (1904–1986) verkörperten Meisterdiebs erwehrt, ihn aber gleichzeitig lustvoll umgarnt.

Im März 1955 erklärte Grace Kelly noch, ihre Filmkarriere sei ihr wichtiger als eine Ehe. Wörtlich sagte sie angeblich: „Wenn ich jetzt aufhöre, dann würde ich mich womöglich mein Leben lang mit dem Gedanken quälen, welch große Schauspielerin ich hätte werden können".

Die Organisatoren der Filmfestspiele von Cannes luden Grace Kelly dazu ein, im Frühling 1955 als Repräsentantin der USA ihren mit einem „Oscar" prämierten Film „Ein Mädchen vom Lande" zu zeigen. Nur zögernd willigte sie ein, weil sie sich damals nach sechs Filmen in anderthalb Jahren erschöpft fühlte. Während des Aufenthaltes von Grace in Cannes organisierte die französische Zeitschrift „Paris Match" ein Treffen mit ihr und Fürst Rainier III. in dessen Palast in Monaco für eine Titelstory. Federführend bei diesem Vorhaben war der Filmredakteur Pierre Galante, der damalige Ehemann der ebenfalls in Cannes anwesenden Schauspielerin Olivia de Havilland.

Die erste Begegnung des Fürsten mit der Hollywood-Schauspielerin in Monaco stand unter keinem günstigen Stern. Nach einem Streik fiel landesweit der Strom aus. Bei der Anfahrt ereignete sich ein Verkehrsunfall. Zudem

hatte der Fürst wegen anderer Verpflichtungen eine fast
einstündige Verspätung. Ungeachtet dessen verlief der
von Fotografen begleitete Rundgang von Fürst und
Filmstar durch den Privatzoo und die Palastgärten
erfreulich. Auf Anhieb waren sich beide sympathisch.
Grace bezeichnete Rainier III. als charmant. Und der
unverheiratete Fürst verkündete, er plane eine Reise nach
Manhattan zum Wohltätigkeitsball „Eine Nacht in
Monte Carlo" im Januar 1956. In der Folgezeit pflegten
Rainier III. und Grace einen regen Briefkontakt.
Im Frühjahr 1955 begann bei Aufnahmen für das Film-
star-Magazin „Photoplay" auch die Freundschaft zwischen Grace Kelly und dem amerikanischen Starfoto-
grafen Howell Conant (1917–1999). Er durfte bis zu ihrem Tod noch oft den Auslöser drücken, wenn alle anderen Fotografen schon längst ihre Kameras eingepackt
hatten. Die Berliner Zeitung „Tagesspiegel" schrieb: „So
gelang es Conant wie keinem anderen, das einzufangen,
was als „natürlicher Glamour" als ihr Markenzeichen
in die Geschichte einging: Eiskönigin, aber auch
lodernde Feuer, Sexappeal, aber auch Stil, Rühr-mich-
nicht-an, aber auch amouröse Pythonschlange".
In der Liebeskomödie „The Swan" („Der Schwan",
1956), die 1955 gedreht wurde, stellte Grace Kelly eine
Prinzessin dar, an welcher der zur Heirat auserwählte,
von Alec Guiness (1914–2000) verkörperte Kronprinz
scheinbar nicht interessiert war. Nach dem Ende der
Dreharbeiten für „The Swan" reiste Fürst Rainier III.

im Dezember 1955 nach Philadelphia und besuchte dort am ersten Weihnachtsfeiertag die Eltern von Grace Kelly. Nach einem privaten Abendessen im New Yorker Hotel „Waldorf-Astoria" folgte der offizielle Heiratsantrag. Vor der offiziellen Bekanntgabe der Verlobung mit Fürst Rainier III. beendete Grace ihre damalige Beziehung zum Modeschöpfer Oleg Cassini (1913–2006), heißt es. Nach langwierigen Gesprächen wurde die Mitgift der Braut auf zwei Millionen US-Dollar festgelegt. Eine Hälfte davon trug Grace, die andere ihr Vater.

Ab Mitte Januar 1956 kehrte Grace Kelly zu den Dreharbeiten für den Musikfilm „High Society" („Die oberen Zehntausend", 1956) nach Hollywood zurück. In diesem Streifen mimte sie eine schöne und reiche Frau, die ihre wahren Gefühle erst entdecken musste. Die Auslandspresse Hollywoods verlieh ihr 1956 als beliebteste Schauspielerin das Gegenstück zum „Oscar", die „Henrietta".

Die Eltern von Grace Kelly sollen anfangs gar nicht sehr von ihrem fürstlichen Schwiegersohn begeistert gewesen sein. Der Vater betitelte Rainier III. als „hergelaufener und bankrotter Fürst, der meiner Tochter gerade bis zum Busen reicht". Die Mutter war ebenfalls skeptisch und verwechselte Monaco abwechselnd mit Macao, Monte Carlo und Marokko.

Am 21. März 1956 hatte Grace Kelly bei der Verleihung des „Oscar" an Ernest Borgnine als bester Hauptdarsteller ihren letzten öffentlichen Auftritt vor der geplanten Hochzeit in Monaco. Das Filmstudio „MGM" entband sie von der Verpflichtung für die geplante Filmkomödie „Warum hab' ich ja gesagt?" (1957) und erhielt als Gegenleistung dafür die exklusiven Filmrechte an der Hochzeit. Außerdem übernahm „MGM" die Kosten für das von der Kostümdesignerin Helen Rose aus Brüsseler Rosalinenspitze angefertigte knapp 8.000 US-Dollar teure Hochzeitskleid.

Kurz vor ihrer geplanten Märchenhochzeit in Monaco erhielt die verliebte 26-jährige Grace Kelly einen Brief von ihrer drei Jahre älteren Filmkollegin Marilyn Monroe (1926–1962). Diese schrieb ihr: „Freut mich, dass du den Weg aus diesem Business gefunden hast".

Am 4. April 1956 trat Grace Kelly an Bord des Passagierdampfers „SS Constitution" die acht Tage lange Schiffsreise nach Monaco an. Begleitet wurde sie von Verwandten, Freunden und mehr als hundert Journalisten. Nach der Ankunft in der Herkulesbucht vor dem Fürstentum Monaco empfing Fürst Rainier III. seine zukünftige Gemahlin auf seiner Yacht „Deo Juvante II". Wenig später wurde Grace von schätzungsweise 20.000 Einheimischen und Touristen an Land begrüßt.

Die standesamtliche Trauung erfolgte am 18. April 1956 im Thronsaal des Fürstenpalastes von Monaco. Augenzeugen vor Ort waren etwa hundert Gäste, darunter Würdenträger und Repräsentanten aus 25 Ländern. Ein Fernsehteam übertrug die halbstündige Zeremonie europaweit. Es folgten ein Empfang für 3.000 monegassische Bürger im Ehrenhof des Palastes, eine Gala und eine Ballettaufführung im Opernhaus.

Einen Tag später nahm Bischof Gilles Barthe (1906–1993) am 19. April 1956 in der Kathedrale „Notre-Dame-Immaculée" von Monaco die kirchliche Trauung vor. Die Traumhochzeit von Grace Kelly und Fürst Rainier III. gilt als erste medial perfekt inszenierte Hochzeit der Fernsehgeschichte. Rund 30 Millionen Menschen in neun Ländern sahen die märchenhaft schöne Braut in ihrem „Traum-in-Weiß" und ihren fürstlichen Bräutigam bei der Trauungszeremonie in der Kathedrale am Bildschirm. Unter den rund 600 Gästen waren so illustre Persönlichkeiten wie Ex-König Faruk, Aga Khan III, Aristoteles Onassis mit Tochter Christina, die amerikanischen Schauspielerinnen Gloria Swanson und Ava Gardner sowie die Schauspieler David Niven und Cary Grant. Noch am selben Tag startete das frisch vermählte Ehepaar zu einer siebenwöchigen Hochzeitsreise im Mittelmeer an Bord der fürstlichen Yacht. Kurze Zeit nach der Märchenhochzeit kam der von „MGM" gedrehte Dokumentarfilm „The Wedding in Monaco" in die Kinos der USA.

Nach ihrer Heirat mit Fürst Rainier III. hieß Grace Kelly fortan Princesse Grace de Monaco oder Grace Patricia Grimaldi. Im deutschen Sprachraum nannte man sie Fürstin Gracia Patricia von Monaco oder kurz Gracia Patricia. Ihr Ehemann Rainier III. trug den

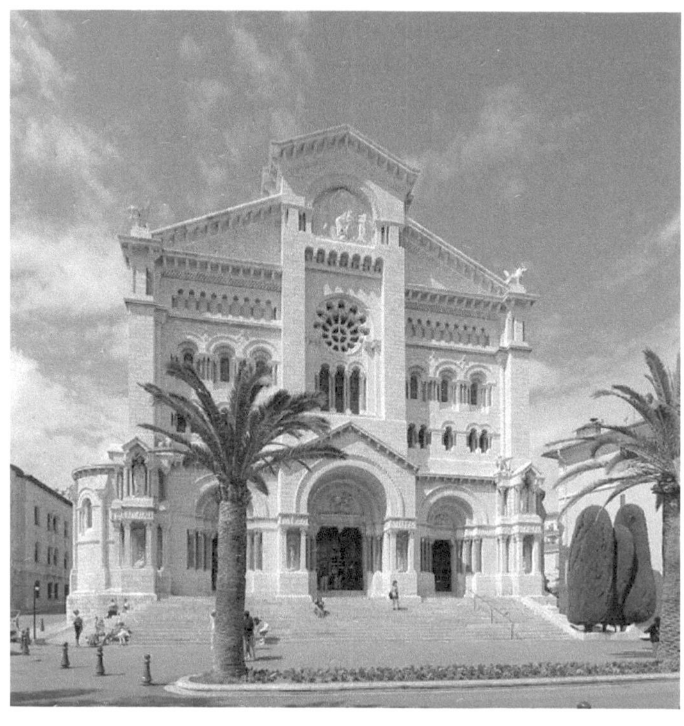

Kathedrale „Notre-Dame-Immaculée"
(auch Kathedrale „Saint Nicholas") von Monaco

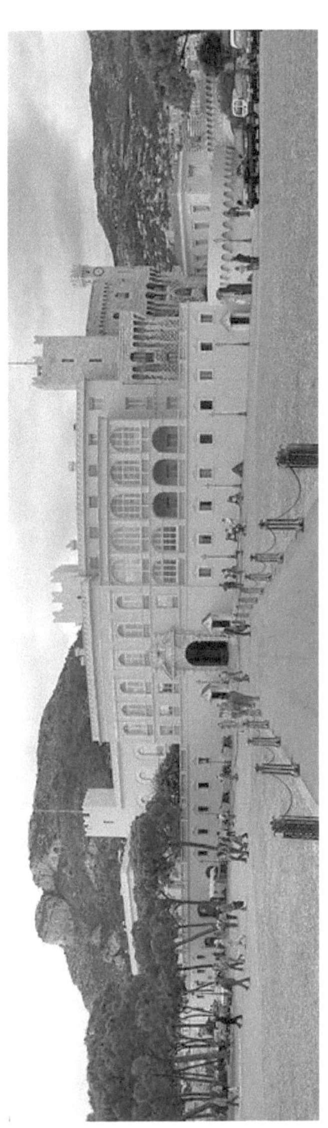

*Panorama des
Fürstenpalastes von Monaco*

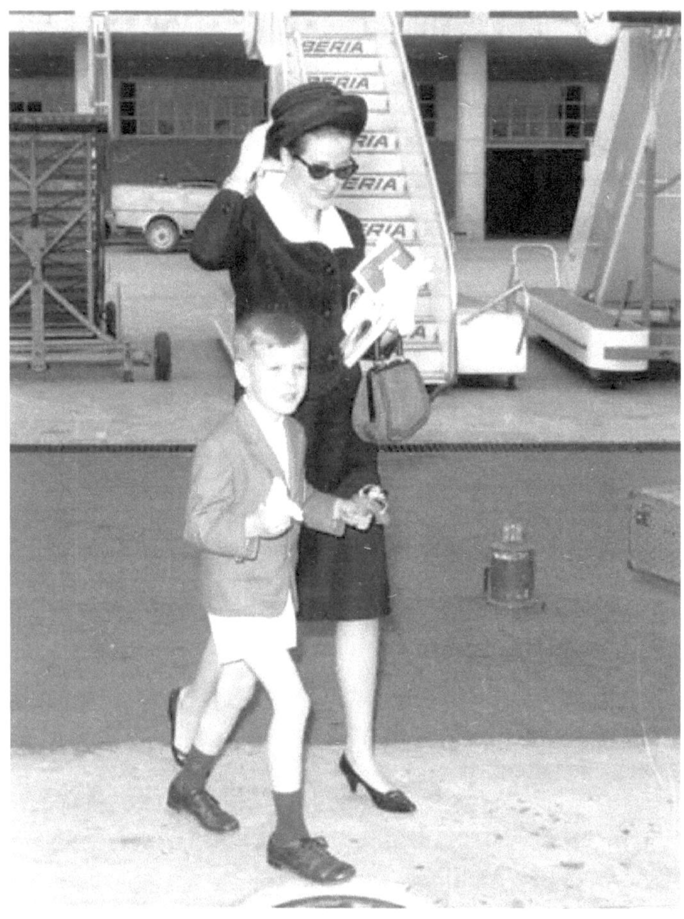

*Fürstin Gracia Patricia mit Sohn Albert
auf dem Flughafen Madrid-Barajas im Jahre 1964*

glanzvollen Titel „Prince de Monaco, Duc de Valentinois, Marquis des Baux, Comte de Carladès, Baron du Buis, Seigneur de Saint-Remy, Sire de Matignon, Comte de Torigni, Baron de Saint-Lô, de la Luthumière et de Hambye, Duc d'Estou-teville, de Mazarin et de Mayenne, Prince de Château-Porcien, Comte de Ferrette, de Belfort, de Thann et de Rosemont, Baron d'Altkirch Seigneur d'Isenheim, Marquis de Chilly, Comte de Longjumeau, Baron de Massy, Marquis de Guiscard". Die offizielle Titulatur des Fürsten lautete „Son Altesse Sérénissime le Prince Rainier III" („Seine Durchlaucht Fürst Rainier III.").

Aus der Ehe von Fürst Rainier III. und Fürstin Gracia Patricia gingen drei Kinder hervor. Bereits nach der Geburt von Prinzessin Caroline Louise Marguerite am 23. Januar 1957 war die Erbfolge in Monaco garaniert. Denn bis zur Geburt eines männlichen Nachkommen trat zunächst das älteste Kind die Nachfolge des Fürsten an. Am 14. März 1958 kam Albert Alexandre Louis Pierre Rainier zur Welt und verdrängte seine ältere Schwester als Erbin. Am 1. Februar 1965 folgte die Geburt von Prinzessin Stephanie Marie Elisabeth. Caroline war sprunghaft und willensstark wie ihr Vater, Albert ruhig und zielstrebig wie seine Mutter, Caroline besonders eigensinnig.

Das Leben im Fürstenpalast in Monaco war für Gracia Patricia nicht immer leicht. Nach Beendigung ihrer Filmkarriere musste sie erst mit ihrer neuen Rolle als

Ehefrau zurechtkommen. Angeblich litt sie unter einem Orientierungsverlust, der durch Aufgaben wie die Modernisierung des Krankenhauses, des Altersheimes sowie der Palasträume und des Feriendomizils „Roc Agel" nicht kompensiert werden konnte. Auch der Zwang zur Einhaltung höfischer Etikette und die Autorität von Rainier III. machten ihr anfangs zu schaffen. Ihr fürstlicher Gatte war an Kompromisse nicht gewöhnt, was auch bei Meinungsverschiedenheiten galt. Weil Gracia Patricia die französische Sprache nur schlecht verstand und sprach, verhielt sie sich bei Audienzen und Empfängen zurück, was als hochmütig und schroff verkannt wurde.

Das Fürstentum Monaco war seit Anfang der 1950-er Jahre durch finanzielle und politische Probleme existenziell gefährdet. Wegen zunehmender Konkurrenz an der franzöischen Riviera gingen die Einnahmen aus den Casinos zurück. Mit dem monegassischen Nationalrat und dem Reeder Aristoteles Onassis (1906–1975) gab es Konflikte. Onassis erwarb 1955 durch Aktienkäufe eine Mehrheitsbeteiligung am staatlichen Hotel- und Casinokonzern „Société des bains de mer de Monaco" („SBM") und rettete später die größte Bank des Fürstentums vor dem Konkurs. Einerseits leitete Onassis mit der Kontrolle über die „SBM" als mächtigster Organisation von Monaco den wirtschaftlichen Aufschwung des Fürstentums ein. Andererseits stritt Onassis sich ständig mit Rainier III., der befürchtete, an Macht einzubüßen, über strategisch wichtige Entscheidungen. Erst 1966 konnte sich der Fürst durch eine Aufstockung des Kapitals der „SBM" vom Einfluss des Reeders Onassis befreien und die Zukunft von Monaco nach seinen eigenen Vorstellungen gestalten. Durch das Ausmaß der Erneuerungsprogramme erregte Rainier III. manchmal den Unmut von Gracia Patricia, die den Wandel des Fürstentums unter ästethischen Gesichtspunkten argwöhnisch betrachtete.

Im Sommer 1960 erkrankte der Vater von Gracia Patricia an Magenkrebs. Nach dem Tod ihres Vaters im Jahre 1960 und nach zwei Fehlgeburten verfiel die Fürstin in Depressionen. Dies bewog Rainier III., seiner Frau eine vorübergehende Rückkehr in das Filmgeschäft vorzuschlagen. Eine Gelegenheit hierzu gab es, als Alfred Hitchcock 1962 Gracia Patricia die Hauptrolle in seinem Film „Marnie" anbot. Aber das Drehbuch war heikel. Die Fürstin hätte eine Kleptomanin spielen sollen, die krankhaft handelte und wegen negativer Erlebnisse in ihrer Kindheit Angst vor Imitäten hatte. Eine offizielle Verlautbarung über das bevorstehende Comeback der Fürstin warf offene Fragen auf und bewog die lokale Presse zum Widerstand. Die Einwohner von Monaco mochten sich nicht mit dem Gedanken anfreunden, dass der Hauptdarsteller Sean Connery ihre Fürstin küssen würde. Sie vertraten die Auffassung, die Schauspielerei vertrage sich nicht mit den Aufgaben einer Landesmutter. Unter dem Druck der öffentlichen Meinung teilte Gracia Patricia am 18. Juni 1962 dem lieben „Hitch" (Alfred Hitchcock) mit, dass es ihr das Herz zerreisse, das Filmprojakt aufgeben zu müssen.

Um 1963 beherrschte Gracia Patricia die französische Sprache fließend und war nun sicherer im Umgang mit Untertanen und Bediensteten. Auch das Hofzeremoniell und die südländische Mentalität der Monegassen bereiteten ihr inzwischen keine Probleme mehr.

Am 10. November 1964 starb Pierre de Polignac (1895–1964), der Vater von Rainier III., der 1933 von dessen Mutter Prinzessin Charlotte (1898–1977) geschieden worden war. Während des Besuches der Weltausstellung in Montreal (Kanada) erlitt Gracia Patricia 1967 ihre dritte Fehlgeburt.

Am 8. Mai 1974 feierte das Fürstenpaar in Monaco den 25. Jahrestag der Herrschaft von Rainier III. Erstmals trug Fürstin Gracia Patricia, die kurz zuvor ihre amerikanische Staatsbürgerschaft aufgegeben hatte, die Nationaltracht der Monegassen und wirkte zugänglicher als früher.

Die Fürstin lehnte fast alle Angebote für Bühne und Film ab. Lediglich im November 1970 wirkte sie an einer Londoner Wohltätigkeitsveranstaltung neben Frank Sinatra (1915–1998) und Bop Hope mit.

1976 wählte man Gracia Patricia in den Aufsichtsrat des amerikanischen Filmstudios „20th Century Fox". In der Folgezeit reiste sie mehrfach im Jahr nach New York City und Los Angeles und befasste sich mit

Aktionärsbelangen und Budgetgenehmigungen. Nach fünf Jahren endete ihr Mandat für „Fox" mit dem teilweisen Verkauf des Studios an das Medienunternehmen „News Corp".

Im Sommer 1976 lernte die Tochter Prinzessin Caroline den 17 Jahre älteren und als Playboy verrufenen Finanzmakler Philippe Junot kennen. Wegen dessen zweifelhafter Herkunft erwog das Fürstenpaar eine Zeitlang ein offizielles Hochzeitverbot. 1978 erfolgte die Hochzeit von Caroline und Junot und bereits 1980 die Scheidung.

An Einwänden ihres Ehemannes Fürst Rainier III. und wegen ihrer persönlichen Einsicht, sich um das Privatleben ihrer Tochter Caroline kümmern zu müssen, scheiterte 1976 das Angebot an Gracia Patricia, in dem Film „Am Wendepunkt" mitzuwirken. Darin hätte sie die Rolle einer ehemaligen Balletttänzern spielen sollen, die ihre Karriere zugunsten des Privatlebens aufgegeben hatte und mit dem Schicksal haderte. Für sie sprang die amerikanische Schauspielern Shirley MacLaine ein.

Beim „Edinburgh International Festival" anlässlich der Zweihundertjahrfeier der USA hielt Gracia Patricia im September 1976 zusammen mit den Schauspielern Richard Kiley und Richard Pasco vier Lyriklesungen vor rund 200 Zuschauern. Für die Rezitation des Werkes „Wild Peaches" der amerikanischen Dichterin Elinor Wylie (1885–1928) gewann sie die Auszeichnung der „BBC" als eine der besten poetischen Darbietungen des

Jahres. Im Geburtsort Straton-upon-Avon des englischen Dramatikers und Schauspielers William Shakespeare (um 1564–1616) trat Gracia Patricia 1977 in der „Holy Trinity Church" mit Szenen aus der Komödie „Was ihr wollt" und einer Auswahl von Shakespeare-Sonetten auf.

Als Erzählerin fungierte Gracia Patricia in dem Dokumentarfilm „The Children of Theatre Street", den der österreichische Regisseur Robert Dornheim über die Waganowa-Ballettakademie im früheren Leningrad gedreht hatte. Der Film erntete gute Kritiken und eine „Oscar"-Nominierung als bester Dokumentarfilm. Finanziell hatte er nur mäßigen Erfolg.

Ende der 1970-er Jahre entdeckte Gracia Patricia als Naturliebhaberin ein neues künstlerisches Betätigungsfeld. Sie begann mit der Anfertigung von Collagen aus getrockneten und gepressten Blumen. Ihre Arrangements dienten 1978 als Musterserie für Bettbezüge eines US-Textilherstellers und waren 1980 in der Pariser „Galerie Drouant" zu bewundern. Die Fürstin überließ das Honorar hierfür ihrer Stiftung. Ungeachtet dessen kanzelte die Zeitung „The Village Voice" das Blumenpressen als „deprimierendste Kunstform, die das Menschengeschlecht je erfunden hat", ab. 1980 veröffentlichten Gracia Patricia und Gwen Robyns eine „My Book of Flowers" genannte Sammlung ihrer Kreationen und warben auf einer Promotionstour durch die USA für das Buch.

Im Mai 1981 sollte der alljährlich stattfindende Blumenbinde-Wettbewerb in Monaco als Rahmen für eine Filmkomödie dienen, in der Gracia Patricia eine Rolle spielte. Die französische Romanautorin Jacqueline Monsigny erdachte die Handlung für diesen Streifen: Ein Astrophysiker sollte durch eine Reihe von Missverständnissen eine wissenschaftliche Konferenz versäumen und stattdessen beim Blumenwettbewerb landen. Ein ausgewähltes Publikum durfte eine Rohfassung des 27 Minuten dauernden Films mit dem Titel „Rearranged" ansehen, der aber nie in die Kinos kam. Das Werk sollte durch zusätzliche Szenen auf eine Stunde Laufzeit verlängert werden. Es kam jedoch ganz anders als geplant.

Anfang der 1980-er Jahre litt Gracia Patricia zunehmend unter gesundheitlichen Problemen. Gegen Beschwerden in den Wechseljahren nahm sie hochdosierte Hormone ein. Als ihr Gewicht daraufhin merklich zunahm, führte man ihre äußerlichen Veränderungen auf übermäßigen Alkoholkonsum zurück.

Im Frühjahr 1982 stand Gracia Patricia für einige Szenen des Films „The greatest Mystery" über die Auferstehung Christi vor der Kamera. Dieser Streifen wurde für private kirchliche Fernsehsender in den USA produziert.

Im Juni 1982 erklärte Gracia Patricia auf eine Frage in einem Interview mit Pierre Salinger für die „ABC-Magazinsendung 20/20": „Man möge mich als eine Frau

im Gedächtnis behalten, die ihre Aufgabe getreulich zu erfüllen versuchte, die verständnisvoll war und gütig ... Ich möchte, dass man sich meiner als eines anständigen und fürsorglichen Menschen erinnert."
Tatsächlich erwarb sich die Fürstin als Wohltäterin viele Verdienste. 1958 beispielsweise übernahm sie von Fürst Rainier III. die Präsidentschaft des monegassischen „Roten Kreuzes". In dieser Funktion entwickelte sie Vorsorgeprogramme für werdende Mütter und beteiligte sich an den Planungen für den Bau von Kindertagesstätten und Waisenhäusern. 1962 setzte sie sich für das Frauenwahlrecht in Monaco ein. Ab 1963 förderte sie als eines der Gründungsmitglieder der „Association Mondiale des Amis de l'Enfance" („AMADE") weltweit humanitäre Hilfsprojekte für Kinder. 1964 wurde die „Fondation Princesse Grace de Monaco" gegründet, die heimischen Kunsthandwerkern den Verkauf regionaler Produkte ermöglichen sollte. Später kamen Sozialfürsorge und kulturelle Aktivitäten hinzu. Als Ehrenpräsidentin der monegassischen Sektion der „La Leche Liga" trat Gracia Patricia für natürliche Säuglingsernährung durch das Stillen ein.
Nach einer Norwegen-Kreuzfahrt erkrankte Gracia Patricia im August 1982. Sie litt an Bronchitis und hatte Migräneanfälle.
Fürstin Gracia Patricia fand auf tragische Weise den Tod. Bei der Heimfahrt aus ihrer Sommerresidenz „Roc Agel" am Vormittag des 13. September 1982 erlitt die

52-Jährige auf der „Route de La Turbie" am Ortseingang von Dap-d'Ail hinter dem Lenkrad des von ihr gesteuerten zehn Jahre alten „Rover 3500" in einer Haarnadelkurve einen Schlaganfall. Daraufhin kam das Fahrzeug von der Straße ab und stürzte 40 Meter tief einen Abhang hinunter. Die Fürstin und die neben ihr sitzende Tochter Stéphanie wurden bei dem Unfall schwerverletzt und in das Krankenhaus „Centre Hospitalier Princesse Grace" gebracht. Bei Gracia Patricia erkannt man zunächst Schnittwunden, einen Schlüsselbeinbruch, eine Beinfraktur und Quetschungen des Brustkorbs. Prinzessin Stéphanie erlitt eine Gehirnerschütterung und einen gebrochenen Wirbel. Nach einer mehrstündigen Operation fiel die Fürstin ins Koma. Bei weiteren Untersuchungen unter Einsatz eines Computertomografen stellte man zwei Hirnverletzungen fest. Die kleinere der beiden Blutungen im Bereich der Schläfenlappen entstand bei einem leichten Schlaganfall, der kurz vor dem Unfall eingetreten war und das Bewusstsein eingeschränkt hatte. Dagegen entstand die große inoperable Verletzung erst beim Aufprall am Hang. Am Abend des folgenden Tages, dem 14. September 1982, erlag Gracia Patricia ihren schweren Verletzungen. Ihre engsten Angehörigen hatten ihr Einverständnis gegeben, die lebenserhaltenden Geräte abzuschalten.

Drei Tage lang durften die Monegassen am offenen Sarg in der Schlosskapelle ihrer verstorbenen Landes-

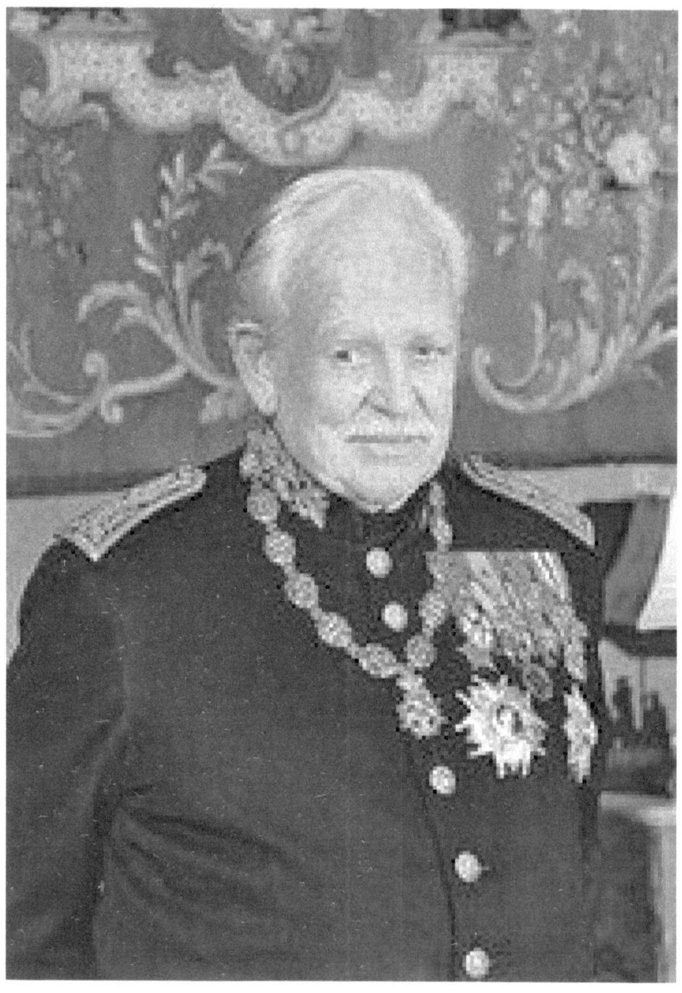

Fürst Rainier III. (1923–2005) von Monaco

mutter die letzte Ehre erweisen. Am 18. September 1982 wurde die Fürstin Gracia Patricia im Beisein von rund 800 geladenen Trauergästen – darunter ihre Geschwister, viele ehemalige Filmkollegen und Mitglieder zahlreicher Herrscherhäuser – in der Kathedrale „Notre-Dame-Immaculée" beerdigt. Schätzungsweise 100 Millionen Zuschauer verfolgten die weltweite Übertragung der bewegenden Trauerfeier im Fernsehen. Bei der Feier wirkte Fürst Rainier III. schwer getroffen und um Jahre gealtert.

Der tragische Tod von Fürstin Gracia Patricia nährte allerlei Spekulationen. Unter anderem kursierte die Theorie, Prinzessin Stéphanie habe das Unglücksauto gesteuert. Das glaubte der Besitzer des Grundstückes, auf dem der Unglückswagen aufprallte, gesehen zu haben. Dies wurde aber von Stéphanie bestritten und von anderen Zeugen entkräftet.

1976 erschien eine Biografie mit dem Titel „Princess Grace". 1981 ließ die Rundfunkgesellschaft „American Broadcasting Company" („ABC") einen Fernsehfilm über den ersten Lebensabschnitt von Gracia Patricia bis zur Hochzeit produzieren, wobei Cheryl Ladd die Hauptrolle spielte.

Die Erinnerung an die verstorbene Fürstin Gracia Patricia bzw. die Schauspielerin Grace Kelly wurde auf vielfache Art und Weise wachgehalten. Schon zu Lebzeiten erhielt sie 1960 einen Stern auf dem „Hollywood Walk of Fame" in der Kategorie Film. 1984

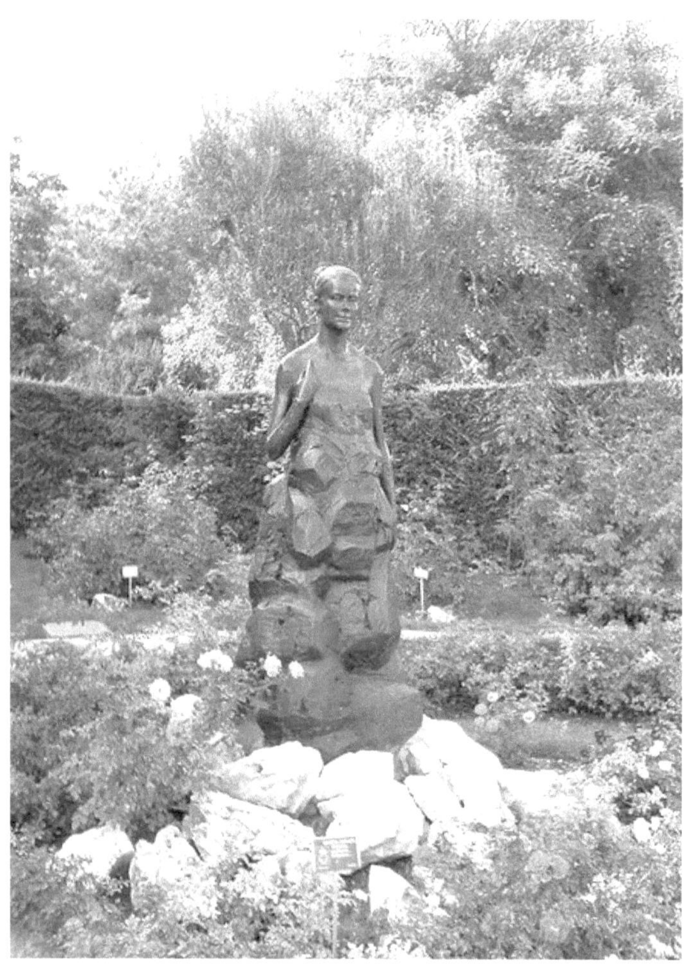

Bronzestatue von Fürstin Gracia Patricia im Rosengarten „Roseraie Princesse Grace" im Stadtteil Fontvieille von Monaco

schuf der amerikanische Pop-Art-Künstler Andy Warhol (1928–1987) ein Porträt von ihr für das „Institut of Contemporary" in Philadelphia als Siebdruck in limitierter Auflage. Rockbands und Musiker setzten Grace Kelly ein musikalisches Denkmal. Fürst Rainier III. eröffnete am 18. Juni 1984 im Stadtteil Fontvieille von Monaco den Rosengarten „Roseraie Princesse Grace". Dort steht eine 1983 von dem niederländischen Bildhauer Kees Verkade geschaffene lebensgroße Bronzestatue der Fürstin. 1993 erschienen in den USA und in Monaco Gedenkbriefmarken mit dem Bild von Grace Kelly bzw. Gracia Patricia. Das „American Film Institute" wählte Grace Kelly 1999 in die Liste der größten weiblichen US-Filmstars auf Platz 13. Anlässlich des 50. Todestages erschien am 12. Juli 2007 in Monaco die erste 2-Euro-Münze mit einem Porträt der Fürstin Gracia Patricia. Seit 2007 existiert in Monaco der „Parcours Princesse Grace", der an Orte führt, die im Leben von Gracia Patricia eine Rolle gespielt haben und für die Entwicklung des Fürstentums prägend waren. Persönliche Gegenstände der Fürstin und Schriftdokumente aus den Archiven des Fürstenpalastes wurden ab 2007 in Monaco, New York City, Paris, Moskau, Rom, London, São Paulo, Toronto und Australien gezeigt. Anlässlich des 80. Geburtstages von Gracia Patricia schuf der flämische Maler Peter Engels ein „Vintage Porträt", das Fürst Albert II. am 9. Mai 2009 ersteigerte.

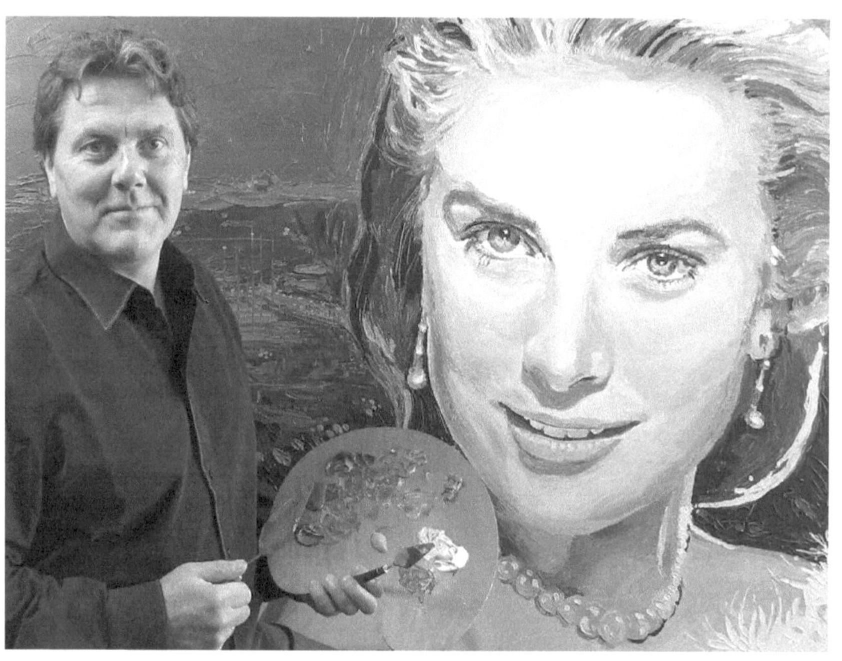

„*Vintage Porträt*"
von Grace Kelly (oben)
geschaffen von dem
flämischen Maler
Peter Engels,
und Handtasche
„*Kelly Bag*" *(unten)*

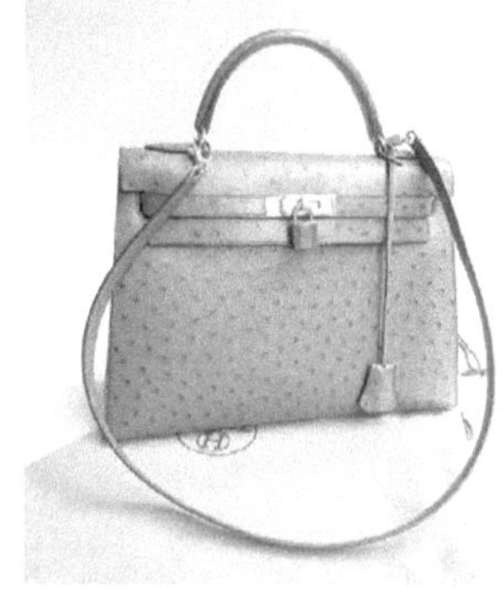

Posthum erhielt Grace Kelly am 22. Oktober 2009 für ihre Verdienste um die Welt der Mode und Unterhaltung den „Rodeo Drive Walk of Style Award". Die Handtasche „Kelly Bag" und das Kopftuch „Kelly Style" tragen ihren Namen. Im Frühsommer 2012 sollten Dreharbeiten für zwei Filme über Grace Kelly beginnen. Mit Hilfe neuer Investoren aus den Branchen Chemie, Pharma, Feinmechanik und Kosmetik baute Rainier III. die Wirtschaft von Monaco aus. Zudem verbesserte er das Kongresswesen, ließ einen Anleger für Luxusschiffe erichten und neue Landflächen an der Mittelmeerküste gewinnen. Das früher für Monaco so wichtige Glücksspiel verlor an Bedeutung. Das Privatvermögen des Fürsten betrug schätzungsweise zwei Milliarden Euro. Ab den 1990-er Jahren war die Gesundheit von Rainier III. angeschlagen. 1994 unterzog er sich einer Bypass-Operation. Im Jahre 2000 erfolgten nacheinander drei chirurgische Eingriffe an der Lunge. 2004 musste er wegen einer Grippe und wegen Herzproblemen ins Krankenhaus. Am 8. März 2005 lieferte man ihn mit einer Lungenentzündung in die Herz-Lungen-Klinik in Monaco ein. Weil der todkranke Fürst nicht mehr regierungsfähig war, betraute man am 31. März 2005 seinen Sohn Albert mit den Regierungsgeschäften. Rainier III. starb am 6. April 2005 im Alter von 71 Jahren in der Herzlungen-Klinik von Monaco.

Literatur

DHERBIER, Yann-Brice / VERLHAC, Pierre-Henri (Hrsg.): Grace Kelly. Bilder eines Lebens. Mit einem Vorwort von Tommy Hilfiger, Berlin 2008
FEMBIO Frauen-Biographie-Forschung
http://www.fembio.org
HEINZLMEIER, Adolf / SCHULZ, Bernd / WITTE, Karsten: Die Unsterblichen des Kinos, Band 2, Glanz und Mythos der Stars der 40er und 50er Jahre, Frankfurt am Main 1980
PROBST, Ernst: Superfrauen 7 – Film und Theater, Mainz-Kostheim 2001
PUBLIKUMSLIEBLINGE NICHT NUR VON GESTERN http://www.steffi-line.de
Internetseite von Stephanie D'heil, Düsseldorf
ROBYNS, Gwen. Gracia Patricia. Fürstin von Monaco. Die Geschichte einer ungewöhnlichen Frau, München 1981
SPADA, James: Gracia. Das geheime Vorleben einer Fürstin, Frankfurt am Main 1989
TARABORELLI, J. Randy: Grace Kelly und Fürst Rainier: Ein Hollywoodmärchen in Monaco, Frankfurt am Main 2004
WIKIPEDIA (Online-Lexikon) http://wikipedia.org

Bildquellen

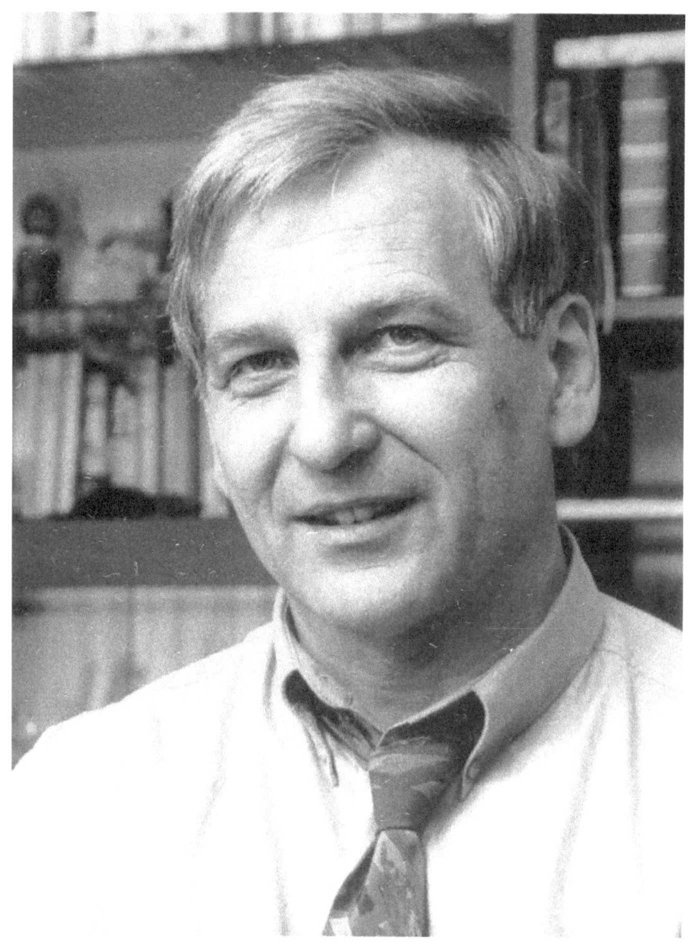

Autor Ernst Probst

Der Autor Ernst Probst

Ernst Probst, geboren am 20. Januar 1946 in Neunburg vorm Wald im bayerischen Regierungsbezirk Oberpfalz, ist Journalist und Wissenschaftsautor. Er arbeitete von 1968 bis 1971 als Redakteur bei den „Nürnberger Nachrichten", von 1971 bis 1973 in der Zentralredaktion des „Ring Nordbayerischer Tageszeitungen" in Bayreuth und von 1973 bis 2001 bei der „Allgemeinen Zeitung", Mainz. In seiner Freizeit schrieb er Artikel für die „Frankfurter Allgemeine Zeitung", „Süddeutsche Zeitung", „Die Welt", „Frankfurter Rundschau", „Neue Zürcher Zeitung", „Tages-Anzeiger", Zürich, „Salzburger Nachrichten", „Die Zeit", „Rheinischer Merkur", „Deutsches Allgemeines Sonntagsblatt", „bild der wissenschaft", „kosmos", „Deutsche Presse-Agentur" (dpa), „Associated Press" (AP) und den „Deutschen Forschungsdienst" (df). Aus seiner Feder stammen die Bücher „Deutschland in der Urzeit" (1986), „Deutschland in der Steinzeit" (1991), „Rekorde der Urzeit" (1992), „Dinosaurier in Deutschland" (1993 zusammen mit Raymund Windolf) und „Deutschland in der Bronzezeit" (1996). Von 2001 bis 2006 betätigte sich Ernst Probst als Buchverleger sowie zeitweise als internationaler Fossilienhändler und Antiquitätenhändler. Insgesamt veröffentlichte er rund 200 Bücher, Taschenbücher, Broschüren und E-Books.

Bücher von Ernst Probst

(Auswahl)

Als Mainz noch nicht am Rhein lag

Annie Oakley
Die Meisterschützin des Wilden Westens

Archaeopteryx. Der Urvogel
aus Bayern

Christl-Marie Schultes. Die erste Fliegerin in Bayern
(zusammen mit Theo Lederer)

Cortés und Malinche. Der spanische Eroberer
und seine indianische Geliebte

Der Europäische Jaguar

Der Mosbacher Löwe
Die riesige Raubkatze aus Wiesbaden

Der Rhein-Elefant
Das Schreckenstier von Eppelsheim

Die nordische Bronzezeit in Deutschland

Die Hügelgräber-Kultur in Deutschland

Die ältere Bronzezeit in Nordrhein-Westfalen

Die Bronzezeit in der Lüneburger Heide

Die Stader Gruppe in der Bronzezeit

Die Oldenburg-emsländische Gruppe

Die Urnenfelder-Kultur in Deutschland

Die ältere Niederrheinische Grabhügel-Kultur

Die Unstrut-Gruppe

Die Helmsdorfer Gruppe

Die Saalemündungs-Gruppe

Die Lausitzer Kultur in Deutschland

Die Dolchzahnkatze Megantereon

Die Dolchzahnkatze Smilodon

Die Säbelzahnkatze Homotherium

Die Säbelzahnkatze Machairodus

Die Schweiz in der Frühbronzezeit

Die Rhône-Kultur in der Westschweiz

Die Arbon-Kultur in der Schweiz

Die Schweiz in der Mittelbronzezeit

Die Schweiz in der Spätbronzezeit

Dinosaurier von A bis K. Von Abelisaurus
bis zu Kritosaurus

Dinosaurier von L bis Z. Von Labocania
bis zu Zupaysaurus

Eiszeitliche Geparde in Deutschland

Eiszeitliche Leoparden in Deutschland

Frauen im Weltall

Hildegard von Bingen. Die deutsche Prophetin

Höhlenlöwen. Raubkatzen
im Eiszeitalter

Julchen Blasius
Die Räuberbraut des Schinderhannes

Katharina II. die Große.
Die Deutsche auf dem Zarenthron

Johann Jakob Kaup
Der große Naturforscher aus Darmstadt

Königinnen der Lüfte in Deutschland

Königinnen der Lüfte in Europa

Königinnen der Lüfte in Amerika

Königinnen der Lüfte von A bis Z

Rund 70 Kurzbiografien berühmter Fliegerinnen,
Ballonfahrerinnen, Luftschifferinnen, Fallschirm-
springerinnen, Astronautinnen und Kosmonautinnen

Königinnen des Films

Königinnen des Tanzes

Königinnen des Theaters

Malende Superfrauen
Meine Worte sind wie die Sterne

Die Entstehung der Rede des Häuptlings Seattle
(zusammen mit Sonja Probst)

Monstern auf der Spur
Wie die Sagen über Drachen, Riesen
und Einhörner entstanden

Neues vom Ur-Rhein
Interview mit dem Geologen und Paläontologen
Dr. Jens Sommer

Österreich in der Frühbronzezeit

Österreich in der Mittelbronzezeit

Österreich in der Spätbronzezeit

Pompadour und Dubarry. Die Mätressen
von Louis XV.

Raub-Dinosaurier von A bis Z.
Mit Zeichnungen von Dmitry Bogdanav
und Nobu Tamura

Rekorde der Urmenschen
Erfindungen, Kunst und Religion

Rekorde der Urzeit
Landschaften, Pflanzen und Tiere

Säbelzahnkatzen. Von Machairodus
bis zu Smilodon

Säbelzahntiger am Ur-Rhein. Machairodus
und Paramachairodus

Superfrauen aus dem Wilden Westen

Superfrauen 1 – Geschichte

Superfrauen 2 – Religion

Superfrauen 3 – Politik

Superfrauen 4 – Wirtschaft und Verkehr

Superfrauen 5 – Wissenschaft

Superfrauen 6 – Medizin

Superfrauen 7 – Film und Theater

Wer war der Stammvater der Insekten?
Interview mit dem Stuttgarter Biologen
und Paläontologen Dr. Günther Bechly

Zenobia von Palmyra.
Eine Frau kämpft gegen die Römer

Bestellungen bei: http://www.grin.com